...LE DE SAINT-VALERY-EN-CAUX

RÈGLEMENTS

des

Pompes Funèbres

et du

Cimetière

SAINT-VALERY-EN-CAUX, IMPRIMERIE DANGU
1909

VILLE DE SAINT-VALERY-EN-CAUX

RÈGLEMENTS

des

Pompes Funèbres

et du

Cimetière

SAINT-VALERY-EN-CAUX, IMPRIMERIE DANGU
1909

SERVICE EXTÉRIEUR

des

POMPES FUNÈBRES

Le monopole du service extérieur des Pompes Funèbres a été attribué à la Ville de Saint-Valery-en-Caux par la loi du 24 Décembre 1904.

Le Conseil Municipal de la dite Ville, dans ses séances des 27 février 1905, 8 avril 1905, 18 août 1905 et 15 février 1908, a établi comme suit le mode d'exploitation :

1o Le matériel est constitué en vue, aussi bien d'obsèques religieuses de tout culte, que d'obsèques dépourvues de tout caractère confessionnel.

2o La fourniture des cercueils continuera à être laissée à la volonté des familles qui s'adresseront comme par le passé, au menuisier de leur choix. (Néanmoins un tarif a été prévu et est compris au présent Règlement).

3o Le transport des corps se fera dans les conditions et au tarif indiqués pour les classes établies ci-après :

ADULTES

Première Classe

Grand char attelé de 2 chevaux caparaçonnés ; garnitures de draperies avec franges et galons d'argent, parsemées d'étoiles ; panaches aux chevaux et aux 4 coins du char ; 4 cordons avec gland d'argent ; écusson avec l'initiale du défunt ; cocher en grande livrée......... 100 fr. »

Tenture extérieure à domicile................. 25 »

4 porteurs à 5 fr......................... 20 »

Drap mortuaire galonné d'argent .... 2 »

Total............. 147 fr. »

Deuxième Classe

Grand char attelé de 2 chevaux ; garnitures de draperies avec étoiles, franges et galons d'argent ; panache aux 4 coins du char ; 4 cordons avec glands d'argent ; cocher en livrée de deuil...................... 60 fr. »

Tenture extérieure à domicile................. 20 »

4 porteurs à 3 fr......................... 12 »

Drap mortuaire, noir ou blanc, galonné .... 2 »

Total............. 94 fr. »

Troisième Classe

Petit char attelé d'un cheval ; garnitures noires avec galons en coton blanc et franges en laine blanche ; 4 cordons avec glands en laine blanche	30 fr.	»
Tenture extérieure à domicile.................	10	»
4 porteurs à 2 fr............................	8	»
Drap mortuaire, noir ou blanc................	1	50
Total.............	49 fr.	50

Quatrième Classe

Petit char attelé d'un cheval ; garnitures noires parsemées d'étoiles avec galons blancs, sans frange ; 4 cordons sans gland..............	20 fr.	»
Tenture extérieure à domicile.................	5	»
4 porteurs à 1 fr. 50........................	6	»
Drap mortuaire, noir ou blanc................	1	50
Total.............	32 fr.	»

Cinquième Classe

Petit char attelé d'un cheval ; garnitures noires, sans étoiles ; galons de coton blanc.........	10 fr.	»
Tenture extérieure à domicile.................	5	»
3 porteurs à 1 fr. 50........................	4	50
Drap mortuaire, noir ou blanc................	1	»
Total.............	20 fr.	50

Classe des Indigents

Mêmes indications que pour la 5e classe, à l'exception des tentures à domicile qui sont supprimées.

ENFANTS

Enfants n'ayant pas un an

Les enfants au-dessous de un an seront portés sous le bras par un seul porteur.

Classe unique.............. | 3 fr. »

Enfants de 1 à 7 ans accomplis

PREMIÈRE CLASSE

Comète ornée de tentures blanches............	8 fr.	»
Tenture extérieure à domicile................	5	»
2 porteurs à 2 fr............................	4	»
Drap mortuaire blanc........................	1	50
Total..............	18 fr.	50

DEUXIÈME CLASSE

Comète sans tentures........................	5 fr.	»
(Pas de tenture à domicile).		
2 porteurs à 1 fr. 50........................	3	»
Drap mortuaire blanc........................	1	»
Total..............	9 fr.	»

CLASSE des INDIGENTS (Enfants)

Même service que pour la 2e classe.

NOTA. — Les familles payantes seront toujours libres, pour les enfants au-dessous de un an, de demander le transport à l'aide de la comète et de faire choix d'une des deux classes établies.

Tarif spécial des Pompes Funèbres, en dehors du territoire de Saint-Valery.

Les chars des Pompes Funèbres peuvent être employés en dehors du territoire de St-Valery aux conditions suivantes :

1º Dans un rayon de 5 kilomètres, calculé de mairie à mairie :

1re classe	Char avec ses tentures et drap de corps.	125 fr.
	4 porteurs à 6 fr......................	24 fr.
	2 chevaux et leur conducteur..........	20 fr.
2me classe	Char avec ses tentures et drap de corps.	80 fr.
	4 porteurs à 5 fr......................	20 fr.
	2 chevaux et leur conducteur..........	15 fr.
3me classe	Char avec ses tentures et drap de corps.	40 fr.
	4 porteurs à 4 fr.....................	16 fr.
	1 cheval et son conducteur	10 fr.

2º Dans un rayon au-delà de 5 kilomètres, il sera alloué à l'entrepreneur des transports en plus du tarif ci-dessus : 1 fr. par kilomètre dépassant les 5 premiers pour les 2 premières classes, et 0 fr. 75 pour la 3e. (Le retour n'est pas taxé).

Dans les mêmes conditions de distance et de classes, il sera alloué 0 fr. 40 par kilomètre à chaque porteur.

Le char à un cheval pourra, à l'aide de tentures spéciales,

être transformé en corbillard et être employé au seul transport des corps aux conditions suivantes :

Corbillard { Char........................ 30 fr.
{ 1 cheval et sou conducteur........... 10 fr.

En plus de ce prix, il sera alloué 0 fr. 75 par kilomètre au-delà des 5 kilomètres dont il est déjà parlé. (Le retour n'est pas taxé).

OBSERVATIONS GÉNÉRALES

Les 4 porteurs seront toujours appelés dans les cas suivants :

1o Transport de la maison mortuaire à la gare.

2o Transport de la gare à l'église ou au cimetière.

3o Transport de corps venant par une voie quelconque du dehors du territoire de Saint-Valery pour y être inhumé.

4o Transport d'un corps exhumé et porté en dehors du cimetière.

Pour ces différents transports, les familles pourront demander une 4e ou 5e classe, mais elles paieront chaque porteur 2 fr. en raison de ce que la manœuvre des cercueils requise dans les quatre cas ci-dessus est toujours plus difficile.

NOTA. — Il est rappelé aux familles que tout ce qui est porté au tarif des Pompes funèbres doit être payé entre les mains du Receveur municipal ; le conducteur et les porteurs ne doivent rien recevoir directement des familles à titre de salaires.

Fourniture des Cercueils

Le Conseil Municipal a décidé que les familles restaient libres de s'adresser, pour la fourniture des cercueils, au menuisier qui leur conviendrait; mais il peut arriver que certaines familles, pour un motif quelconque, ne voulant pas faire choix d'un menuisier et s'appuyant sur le texte même de la loi du 28 Décembre 1904, demandent à la Ville la fourniture complète de tout ce qui est compris dans le service public des pompes funèbres. Pour répondre au droit de ces familles, le tarif suivant a été établi :

DÉSIGNATION DES AGES	SAPIN Épaisseur — Prix.				CHÊNE Épaisseur. — Prix.				
	0,014	0.014 teinté	0.018 teinté	0.025 teinté	0.014	0.018	0.025	0.030	0.030 pouvant recevoir un cercueil en zinc.
au-dessous de 2 ans	4 f.	5			7	10			
de 2 à 5 ans.	5	6			12	15			
de 5 à 10 ans	7	8	10	12	20	25	35	40	
de 10 à 15 ans	9	10	12	18	30	40	50	60	
au-dessus de 15 ans	10	12	16	25		60	70	90	100

CIMETIÈRE

Règlement Général de Police

Tarif des Concessions

Traitement et Obligations du Gardien-Fossoyeur

Art. 1er. — Le cimetière de la Ville de Saint-Valery-en-Caux est placé sous la surveillance immédiate d'un gardien-fossoyeur, assermenté et apte à constater par procès-verbaux les infractions aux arrêtés sur la police de ce lieu.

Art. 2. — Le gardien-fossoyeur sera détenteur de la clef du cimetière avec charge de l'ouvrir, soit pour les besoins du service public, soit pour laisser entrer les visiteurs; il est également chargé de le fermer aux heures indiquées par le présent règlement.

Art. 3. — La sépulture dans le dit cimetière est due :
1o aux personnes décédées sur le territoire de la dite ville, quel que soit leur domicile;
2o aux personnes domiciliées sur ce même territoire, alors qu'elles seraient décédées dans une autre commune;
3o aux personnes non domiciliées dans la commune, mais y ayant droit à une sépulture de famille.

Art. 4. — La sépulture, dans ce cimetière, peut être refusée à toute personne étrangère, décédée en dehors de Saint-Valery et n'y ayant pas de concession.

Art. 5. — Chaque inhumation doit avoir lieu dans une fosse dont les dimensions suivantes seront observées (décret du 23 prairial an XII, art. 12 et 13 du décret du 27 avril 1889) :

1º Pour les personnes de 10 ans et au-dessus : longueur, 2 m.; largeur, 0m80; profondeur, 2 m.

2º Pour les enfants au-dessous de 10 ans : longueur, 1m50; largeur, 0m70; profondeur, 1m50.

(La profondeur est comptée à partir du niveau du sol).

Art. 6. — La distance entre les fosses, dans l'ancien cimetière, sera de 0m30 au moins; elle sera portée à 0m50 chaque fois qu'il sera possible de le faire. Dans le nouveau cimetière, la distance entre les fosses sera de 0m50.

Art. 7. — Le prix des fosses est fixé comme ci-après, payable entre les mains du receveur municipal :

6 fr. pour les personnes de 10 ans et au-dessus et à une profondeur de 2 m. ;

3 fr. pour les enfants au-dessous de 10 ans et à une profondeur de 1m50.

Art. 8. — Pour les concessions, le creusement des fosses, à une profondeur supérieure à 2 m., ne pourra être autorisé que par le maire, sur une demande écrite des familles; le tarif ci-dessous sera appliqué :

Adultes : profondeur de 2m50, 10 fr.
— 3m 15 fr.
Enfants : — 2m 5 fr.
— 2m50, 10 fr.

Art. 9. — Pour les caveaux, le creusement se fera au tarif de 4 fr. le mètre cube. Les familles ou les entrepreneurs devront avoir recours au fossoyeur pour ce travail qui lui sera payé directement.

Concession de Terrain

ART. 10. — Des terrains pourront être concédés, dans le cimetière, pour y établir des sépultures particulières, sur la demande qui en sera faite, par écrit, à l'autorité municipale.

Ces concessions sont :

1o TEMPORAIRES, pour 15 ans au plus, non renouvelables ;
2o TRENTENAIRES, renouvelables ;
3o PERPÉTUELLES.

ART. 11. — Toute sépulture, en terrain non concédé, pourra être transformée, sur place, en concession temporaire, trentenaire ou perpétuelle. Les transformations de concessions seront opérées sans tenir compte des déboursés précédents.

ART. 12. — Le prix des concessions est établi comme suit :
Concession temporaire, 40 fr. ;
Concession trentenaire, 120 fr. ;
Concession perpétuelle, 300 fr.
La surface de chaque concession n'est pas inférieure à 2 mètres carrés ; chaque fraction supplémentaire sera évaluée par 1/4 de mètre carré et payée comme tel, c'est-à-dire 5 francs pour les temporaires, 15 fr. pour les trentenaires et 37 fr. 50 pour les perpétuelles.

ART. 13. — Toute concession ne sera accordée qu'après le versement du prix principal et de tous les frais y afférents. Dans le cas où le Receveur municipal serait empêché d'encaisser le prix de la concession, le concessionnaire prendrait, par écrit à la Mairie, l'engagement de verser ladite somme dans un délai de dix jours.

ART. 14. — Les concessions, dans le cas a où il n'y pas de caveau de famille, ne peuvent recevoir plusieurs corps que si 5 années au moins séparent chaque inhumation, ou si les corps ont été placés de manière que la prolondeur réglementaire soit observée dans la dernière inhumation (art. 14 du décret du 27 avril1889).

Art. 15. — Les concessions ne pourront servir qu'à l'inhumation des parents ou alliés des concessionnaires; elles ne sont pas aliénables.

Expiration des Concessions
 Reprise des Terrains

ART. 16. — Lors de la reprise des concessions, monuments, pierres tumulaires, etc., dont le terme est expiré, cette opération sera annoncée trois mois à l'avance par voie d'affiches ou par tout autre moyen de publicité.

ART. 17. —. Pendant ce délai de trois mois, les familles pourront reprendre, en présence du gardien fossoyeur, les signes funéraires et objets qu'elles auraient placés sur les sépultures qui les intéressent.

ART 18. — Nul étranger à la famille ne pourra emporter ou déplacer un signe funéraire, pierre, croix, plantes, etc., sans une autorisation, par écrit, du représentant direct de la famille. Cette autorisation devra être remise au gardien-fossoyeur.

ART. 19. — A défaut, par les familles, de réclamer, dans le

délai ci-dessus fixé, les dits objets ou signes funéraires, l'administration fera procéder, d'office, à leur enlèvement, à la démolition ou au déplacement des monuments et à l'arrachage des arbres, arbustes ou plantes, etc., afin de reprendre immédiatement les emplacements occupés.

ART. 20. — Tous ces objets, recueillis et mis de côté par les soins du gardien-fossoyeur, deviendront la propriété de la commune au bout de un an et un jour.

ART. 21. — Dans le cas où les familles, pendant le délai de un an et un jour, indiqué à l'art. précédent, viendraient à réclamer les dits objets funéraires, la remise leur en serait faite dans l'état où ils se trouveraient et contre une indemnité de 10 fr. représentant les frais de déblaiement. Cette somme de 10 fr. appartiendrait au gardien-fossoyeur.

Exhumations

ART. 22. — En cas d'exhumation, demandée par les familles, il y sera procédé, sur l'autorisation écrite de l'administration municipale, en présence du commissaire de police et d'un membre ou d'un représentant de la famille.

ART. 23. — L'administration prescrira toutes les mesures de salubrité nécessaires, telles que désinfectants, renouvellement de cercueils, etc., et ce aux frais des familles.

ART. 24. — Chaque exhumation donnera lieu, en dehors des frais provenant de l'application de l'art. 23, aux allocations suivantes :

1o 15 fr. pour le gardien-fossoyeur et ses aides ;

2o 4 fr. pour un approfondissement de 0^m50 et 10 fr. pour un approfondissement de 1ᵐ. (Ces sommes seront payées directement au fossoyeur par les familles).

Art. 25. — En cas de réinhumation dans une nouvelle fosse, le prix du creusement de cette nouvelle fosse, soit à 2 m., à 2 m. 50 ou 3 m., revient entièrement à la ville.

Art. 26. — Le Commissaire de Police aura droit à 5 fr. par vacation. D'après l'art. 2 du décret du 12 avril 1905, le prix d'une vacation est alloué pour assister :

1º à la mise en bière, quand il y a lieu à transport hors de la localité ;

2º à l'exhumation ou à la réinhumation d'un corps.

Il est alloué une demi-vacation en plus, lorsqu'il y a accompagnement d'un corps de la maison mortuaire ou du cimetière jusqu'à la limite de la commune, ou de la limite de la commune jusqu'au cimetière. Il sera accordé une vacation et demi pour exhumation, translation de corps et réinhumation dans la même commune.

Lorsqu'il y a plusieurs corps, il est perçu une demi-vacation par chaque corps en plus du premier.

Ni la mise en bière, ni l'inhumation ne donnent droit à vacation quand il n'y a pas de transport.

Les vacations sont versées à la recette municipale.

Dépositoire

Art. 27. — Les corps admis au dépositoire devront être dans un cercueil de plomb ou de zinc, revêtu d'un cercueil en chêne.

L'entrée du dépositoire sera facultative aux familles pendant les heures d'ouverture du cimetière.

Art. 28. — Le séjour au dépositoire donnera lieu à la perception des droits ci-après fixés pour chaque corps :

Jusqu'à 5 jours......   10 fr.
—   15 id........   25 fr.
—   30 id........   40 fr.

Chaque mois en sus, 30 fr. Toute période commencée est due entièrement.

Art. 29. — Pour placer un corps dans le dépositoire, y compris le déplacement de la pierre de recouvrement, la descente du corps et la remise de la pierre en place, le gardien-fossoyeur recevra 5 fr. qui lui seront versés directement par les familles.

Pour l'enlèvement d'un corps du dépositoire, y compris le déplacement de la pierre de recouvrement, l'enlèvement du corps, le transport, la descente dans la sépulture de famille et la remise en place de la pierre du dépositoire, le gardien-fossoyeur aura droit à 10 fr. payés directement par les familles.

Moyennant ces prix, le gardien-fossoyeur devra se procurer tous les auxiliaires nécessaires pour assurer la bonne marche du service.

Tenue générale du Cimetière

Art. 30. — Le gardien-fossoyeur tiendra les chemins et les allées en constant état de propreté.

Art. 31. — Tous les objets et tous les matériaux entrés au cimetière devront être immédiatement mis en place ou mis en œuvre par les concessionnaires ou leurs entrepreneurs.

Art. 32. — Le sciage et la taille des pierres destinées à la construction des monuments sont interdits dans le cimetière et généralement tout ce qui peut être fait dehors.

Art. 33. — Sauf le cas de force majeure, aucun dépôt de terre ou de matériaux ne pourra, même momentanément être effectué sur les tombes voisines.

Art. 34. — Tout monnment, croix ou pierre, devra porter en caractères indélébiles et d'une manière visible, un des mots : temporaire, trentenaire ou perpétuelle, suivant la nature de la concession et le n⁰ de concession. Ces inscriptions sont à la charge des familles.

Art. 35. — Les concessionnaires ou constructeurs seront responsables des dégâts qu'ils pourraient occasionner aux sépultures voisines.

Art. 36. — Les concessionnaires ou constructeurs devront enlever sans délai, les débris provenant des matériaux employés à la construction des monuments.

Art. 37. — Les signes funéraires posés sur chaque concession ou sur chaque sépulture en général ne devront pas dépasser les limites du terrain concédé ou celles accordées aux fosses communes.

Art. 38. — Les plantations sont faites dans l'intérieur des limites de chaque sépulture ; la végétation des plantes ou arbustes ne devra pas dépasser ces limites ; leur hauteur ne pourra être supérieure à 2 m. 50.

Art. 39. — Toute plantation reconnue gênante ou nuisible devra être élaguée ou abattue à la première réquisition de l'Administration; celle-ci se réserve d'allleurs le droit de faire procéder d'office à cet élagage, s'il y a lieu.

Nomination. — Traitement et obligations du Gardien-Fossoyeur

ART. 40. — Le gardien-fossoyeur est nommé et révoqué par le Maire (art 16 du décret du 23 prairial an XII et art. 88 de la loi du 5 avril 1884).

ART. 41. — Il lui est alloué un traitement annuel fixé comme suit :

1º 500 fr., payables mensuellement, pour le creusement de toutes les fosses, payantes et gratuites, dont les dimensions ont été prévues aux art. 5 et 8 du présent règlement ;

2º 250 fr., payables par trimestre, pour ouverture et fermeture du cimetière aux heures indiquées ci-après, pour nettoyage et ratissage de toutes les allées et de tous les chemins, pour le fauchage des herbes, pour déblaiement de toutes ordures, débris ou démolitions n'incombant pas à des particuliers.

La toilette complète du cimetière devra être faite pour les 3 époques suivantes : 1º le 20 Mars ; 2º le 15 Juillet ; 3º le 1er Novembre.

ART. 42. — Il est interdit au gardien-fossoyeur de réclamer quoi que ce soit en dehors des tarifs prévus aux art. 9, 21, 24, 29 et 44 du présent règlement.

ART. 43. — Le cimetière restera ouvert par les soins du gardien-fossoyeur pendant les heures indiquées ci-après :

En Janvier, Février, Novembre et Décembre : de 8 h. du matin à 4 h. 1/2 du soir ;

En Mars, Septembre et Octobre : de 8 h. du matin à 6 h. du soir ;

En Avril, Mai, Juin, Juillet et Août : de 7 h. du matin à 7 h. du soir.

L'heure de la fermeture sera annoncée à l'aide d'une clochette ; le gardien-fossoyeur s'assurera que personne n'y reste enfermé.

ART. 44. — Le gardien-fossoyeur, lorsqu'il en sera requis par les familles, sera tenu d'approprier les abords des monuments et des caveaux et d'entretenir les jardins sur les sépultures. — Les prix seront réglés de gré à gré, mais en aucun cas, il ne pourra être exigé plus de cinq francs pour l'entretien annuel d'une sépulture individuelle.

ART. 45. — Le gardien-fossoyeur aura toujours 2 tombes, ouvertes et préparées à l'avance, pour les inhumations ordinaires.

ART. 46. — Il tiendra un registre sur lequel seront inscrites toutes les inhumations et toutes les exhumations ; il y mentionnera les noms, prénoms et âge, et indiquera la partie du cimetière où se trouvent déposés les corps ou de quel endroit ils ont été enlevés pour être replacés ; il en sera de même pour les dépôts faits au dépositoire. Ce registre sera tenu dans l'ordre et à la date où ont lieu les opérations.

ART. 47. — Chaque tombe, aussitôt refermée, sera surmontée, par les soins du gardien-fossoyeur, d'un petit croisillon en bois sur lequel seront inscrits le nom de la personne et le nᵒ d'ordre fourni par la ville.

ART. 48. — Ces croisillons, de 0 ᵐ 50 sur 0 ᵐ 30 environ, seront fournis par les familles en même temps que les cercueils. Les menuisiers se chargeront de les faire et d'y inscrire le nom de la personne décédée en même temps que le numéro d'ordre.

Art. 49. — Une petite plaque métallique portant le n°
d'ordre dont il est parlé aux art. 47 et 48 précédents, sera
fournie par la ville ; le menuisier la prendra ou la fera prendre
au bureau de l'état-civil et l'appliquera sur le cercueil.

Art. 50. — L'entrée du cimetière est interdite aux gens
ivres, aux fumeurs, aux marchands ambulants, aux enfants non
accompagnés et aux personnes qui seraient suivies par un chien,
même tenu en laisse, ou tous autres animaux domestiques. —
L'entrée est également interdite aux personnes porteurs de
paniers.

Art. 51. — La tenue et la conduite du gardien-fossoyeur,
ainsi que celles de ses aides et des porteurs aux pompes funèbres devront être irréprochables, notamment pendant l'exercice
de leurs fonctions. Le respect dû aux morts doit être rigou-
reusement observé ; il leur est formellement défendu de sollici-
ter des pourboires.

Art. 52. — Toute plainte, toute réclamation devra être écrite
et signée ; elle sera adressée à M. le Maire qui, après examen
ou enquête, y donnera la suite qu'elle comportera.

Art. 53. — Le présent règlement entrera en vigueur le 1er
janvier 1909.

ARRÊTÉ

*Le Maire de la Ville de Saint-Valery-en-Caux,
Officier de l'Instruction Publique ;*

VU :

Le décret du 23 Prairial an XII ;

L'ordonnance royale du 6 Décembre 1843 ;

La circulaire ministérielle du 30 Décembre 1843 ;

La loi du 14 Novembre 1881 ;

La loi du 5 Avril 1884 ;

Le décret du 27 Avril 1889 ;

Le décret du 12 Avril 1905 ;

La délibération du Conseil municipal, en date du 19 Décembre 1908, approuvant :

1º Le règlement général de police du cimetière ;

2º Le tarif des concessions ;

3º Le traitement et les obligatoins du gardien-fossoyeur,

ARRÊTE :

Article premier. — Les dispositions des articles 1 à 53 du dit règlement général du Cimetière seront exécutoires à partir du 1ᵉʳ Janvier 1909.

Article deux. — Sont abrogés tous arrêtés ou règlements antérieurs.

Saint-Valery-en-Caux, le 21 Décembre 1908.

LE MAIRE,

Signé : DOUTRELAUT.

Vu pour récépissé,

Yvetot, le 23 Décembre 1908.

LE SOUS-PRÉFET, *signé :* BOIVIN.

Le Préfet du Département de la Seine-Inférieure, Commandeur de l'Ordre National de la Légion d'Honneur, Officier de l'Instruction Publique,

Vu l'article 95 de la loi du 5 Avril 1884 autorise l'exécution immédiate du présent arrêté.

Rouen, le 24 Décembre 1908.

POUR LE PRÉFET, LE SECRÉTAIRE GÉNÉRAL,

Signé : SURUGUE.

TABLE

POMPES FUNÈBRES

CIMETIÈRE

www.ingramcontent.com/pod-product-compliance
Ingram Content Group UK Ltd.
Pitfield, Milton Keynes, MK11 3LW, UK
UKHW021030220726
13924UKWH00001B/232